CON CUORE DI PADRE

PATRIS CORDE

CON CUORE DI PADRE: COSÌ GIUSEPPE HA AMATO GESÙ,
CHIAMATO IN TUTTI E QUATTRO I VANGELI «IL FIGLIO DI GIUSEPPE».

SAPPIAMO CHE EGLI ERA UN UMILE FALEGNAME, PROMESSO SPOSO DI MARIA; UN «UOMO GIUSTO», SEMPRE PRONTO A ESEGUIRE LA VOLONTÀ DI DIO MANIFESTATA NELLA SUA LEGGE E MEDIANTE BEN QUATTRO SOGNI.

DOPO UN LUNGO E FATICOSO VIAGGIO DA NAZARET A BETLEMME, VIDE NASCERE IL MESSIA IN UNA STALLA, PERCHÉ ALTROVE «NON C'ERA POSTO PER LORO».

EBBE IL CORAGGIO DI ASSUMERE LA PATERNITÀ LEGALE DI GESÙ, A CUI IMPOSE IL NOME RIVELATO DALL'ANGELO: «TU LO CHIAMERAI GESÙ: EGLI INFATTI SALVERÀ IL SUO POPOLO DAI SUOI PECCATI»

PER DIFENDERE GESÙ DA ERODE, SOGGIORNÒ DA STRANIERO IN EGITTO.

DOPO MARIA, MADRE DI DIO, NESSUN SANTO OCCUPA TANTO SPAZIO NEL MAGISTERO PONTIFICIO QUANTO GIUSEPPE, SUO SPOSO.

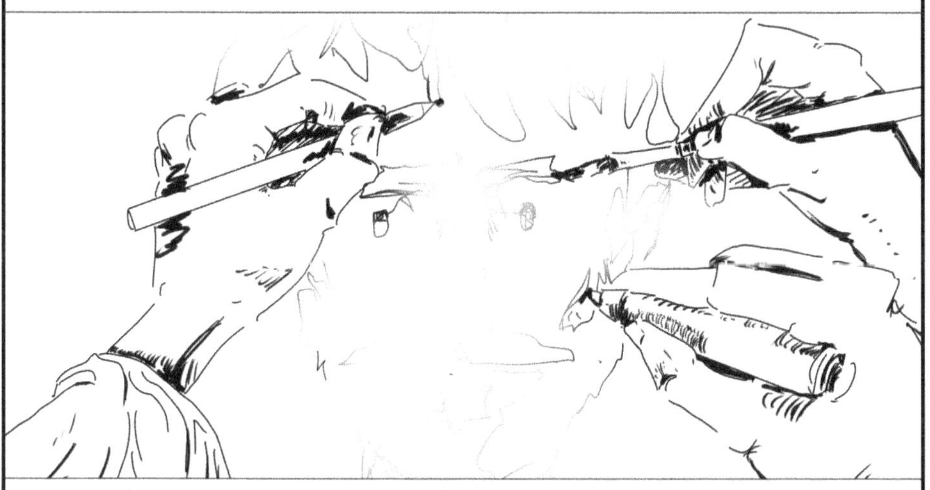

I MIEI PREDECESSORI HANNO APPROFONDITO IL MESSAGGIO RACCHIUSO NEI POCHI DATI TRAMANDATI DAI VANGELI PER EVIDENZIARE MAGGIORMENTE IL SUO RUOLO CENTRALE NELLA STORIA DELLA SALVEZZA

LE NOSTRE VITE SONO TESSUTE E SOSTENUTE DA PERSONE COMUNI – SOLITAMENTE DIMENTICATE – CHE NON COMPAIONO NEI TITOLI DEI GIORNALI E DELLE RIVISTE NÉ NELLE GRANDI PASSERELLE DELL'ULTIMO SHOW MA, SENZA DUBBIO, STANNO SCRIVENDO OGGI GLI AVVENIMENTI DECISIVI DELLA NOSTRA STORIA.

TUTTI POSSONO TROVARE IN SAN GIUSEPPE, L'UOMO CHE PASSA INOSSERVATO, L'UOMO DELLA PRESENZA QUOTIDIANA, DISCRETA E NASCOSTA, UN INTERCESSORE, UN SOSTEGNO E UNA GUIDA NEI MOMENTI DI DIFFICOLTÀ.

PADRE AMATO

SAN PAOLO VI OSSERVA CHE LA SUA PATERNITÀ SI È ESPRESSA CONCRETAMENTE «NELL'AVER FATTO DELLA SUA VITA UN SERVIZIO, UN SACRIFICIO, AL MISTERO DELL'INCARNAZIONE E ALLA MISSIONE REDENTRICE CHE VI È CONGIUNTA"

TANTI SANTI E SANTE FURONO SUOI APPASSIONATI DEVOTI, TRA I QUALI TERESA D'AVILA.

LA FIDUCIA DEL POPOLO IN SAN GIUSEPPE È RIASSUNTA NELL'ESPRESSIONE "ITE AD IOSEPH", CHE FA RIFERIMENTO AL TEMPO DI CARESTIA IN EGITTO QUANDO LA GENTE CHIEDEVA IL PANE AL FARAONE ED EGLI RISPONDEVA: «ANDATE DA GIUSEPPE; FATE QUELLO CHE VI DIRÀ»

IN OGNI MANUALE DI PREGHIERE SI TROVA QUALCHE ORAZIONE A SAN GIUSEPPE. PARTICOLARI INVOCAZIONI GLI VENGONO RIVOLTE TUTTI I MERCOLEDÌ E SPECIALMENTE DURANTE L'INTERO MESE DI MARZO, TRADIZIONALMENTE A LUI DEDICATO.

INCORAGGIATA DALLA PROPRIA ESPERIENZA, LA SANTA PERSUADEVA GLI ALTRI AD ESSERGLI DEVOTI.

PADRE NELLA TENEREZZA

GIUSEPPE VIDE CRESCERE GESÙ GIORNO DOPO GIORNO
«IN SAPIENZA, ETÀ E GRAZIA DAVANTI A DIO E AGLI UOMINI»

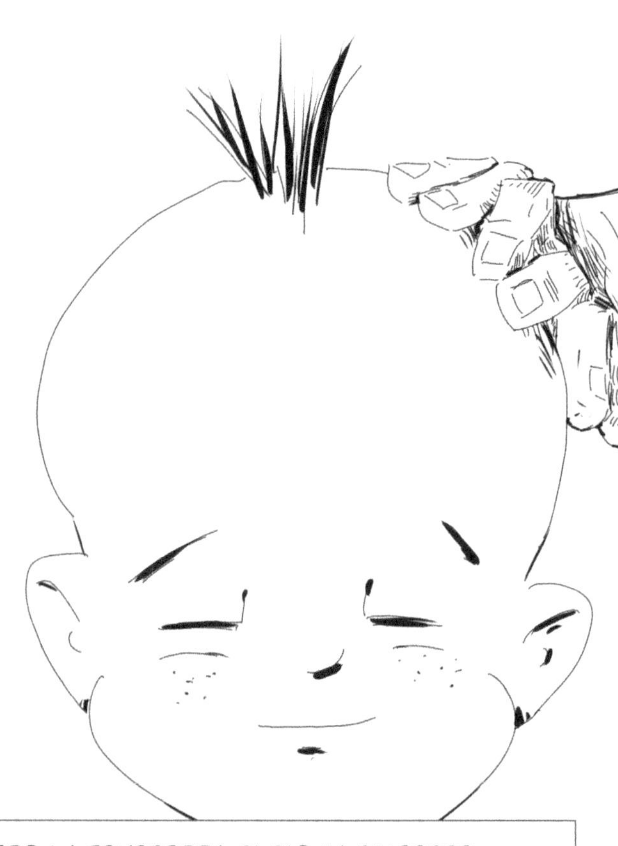

GESÙ HA VISTO LA TENEREZZA DI DIO IN GIUSEPPE.

LA STORIA DELLA SALVEZZA SI COMPIE «NELLA SPERANZA CONTRO OGNI SPERANZA» ATTRAVERSO LE NOSTRE DEBOLEZZE.

IL MALIGNO CI FA GUARDARE CON GIUDIZIO NEGATIVO LA NOSTRA FRAGILITÀ, LO SPIRITO INVECE LA PORTA ALLA LUCE CON TENEREZZA. È LA TENEREZZA LA MANIERA MIGLIORE PER TOCCARE CIÒ CHE È FRAGILE IN NOI.

ANCHE ATTRAVERSO L'ANGUSTIA DI GIUSEPPE PASSA LA VOLONTÀ DI DIO, LA SUA STORIA, IL SUO PROGETTO.

A VOLTE NOI VORREMMO CONTROLLARE TUTTO, MA LUI HA SEMPRE UNO SGUARDO PIÙ GRANDE.

PADRE NELL'OBBEDIENZA

GIUSEPPE È FORTEMENTE ANGUSTIATO DAVANTI ALL'INCOMPRENSIBILE GRAVIDANZA DI MARIA: NON VUOLE «ACCUSARLA PUBBLICAMENTE», MA DECIDE DI «RIPUDIARLA IN SEGRETO»

NEL PRIMO SOGNO L'ANGELO LO AIUTA A RISOLVERE IL SUO GRAVE DILEMMA

NEL SECONDO SOGNO L'ANGELO ORDINA A GIUSEPPE: «ALZATI, PRENDI CON TE IL BAMBINO E SUA MADRE, FUGGI IN EGITTO E RESTA LÀ FINCHÉ NON TI AVVERTIRÒ: ERODE INFATTI VUOLE CERCARE IL BAMBINO PER UCCIDERLO»

GIUSEPPE NON ESITÒ AD OBBEDIRE, SENZA FARSI DOMANDE SULLE DIFFICOLTÀ CUI SAREBBE ANDATO INCONTRO

IN OGNI CIRCOSTANZA DELLA SUA VITA, GIUSEPPE SEPPE PRONUNCIARE IL SUO "FIAT", COME MARIA NELL'ANNUNCIAZIONE E GESÙ NEL GETSEMANI.

GIUSEPPE, NEL SUO RUOLO DI CAPO FAMIGLIA, INSEGNÒ A GESÙ AD ESSERE SOTTOMESSO AI GENITORI, SECONDO IL COMANDAMENTO DI DIO.

PADRE NELL'ACCOGLIENZA

GIUSEPPE ACCOGLIE MARIA SENZA METTERE CONDIZIONI PREVENTIVE.

LA VITA SPIRITUALE CHE GIUSEPPE CI MOSTRA NON È UNA VIA CHE SPIEGA, MA UNA VIA CHE ACCOGLIE.
GIUSEPPE NON È UN UOMO RASSEGNATO PASSIVAMENTE. IL SUO È UN CORAGGIOSO E FORTE PROTAGONISMO.

TANTE VOLTE, NELLA NOSTRA VITA, ACCADONO AVVENIMENTI DI CUI NON COMPRENDIAMO IL SIGNIFICATO.

PAPA GIOVANNI PAOLO II
COME DIO HA DETTO AL NOSTRO SANTO: «GIUSEPPE, FIGLIO DI DAVIDE, NON TEMERE», SEMBRA RIPETERE ANCHE A NOI: "NON ABBIATE PAURA!".

DIO PUÒ FAR GERMOGLIARE FIORI TRA LE ROCCE.

LA FEDE CHE CI HA INSEGNATO CRISTO È INVECE QUELLA CHE VEDIAMO IN SAN GIUSEPPE, CHE NON CERCA SCORCIATOIE, MA AFFRONTA "AD OCCHI APERTI" QUELLO CHE GLI STA CAPITANDO, ASSUMENDONE IN PRIMA PERSONA LA RESPONSABILITÀ.

L'ACCOGLIENZA DI GIUSEPPE CI INVITA AD ACCOGLIERE GLI ALTRI, SENZA ESCLUSIONE, COSÌ COME SONO, RISERVANDO UNA PREDILEZIONE AI DEBOLI, PERCHÉ DIO SCEGLIE CIÒ CHE È DEBOLE, È «PADRE DEGLI ORFANI E DIFENSORE DELLE VEDOVE» E COMANDA DI AMARE LO STRANIERO.

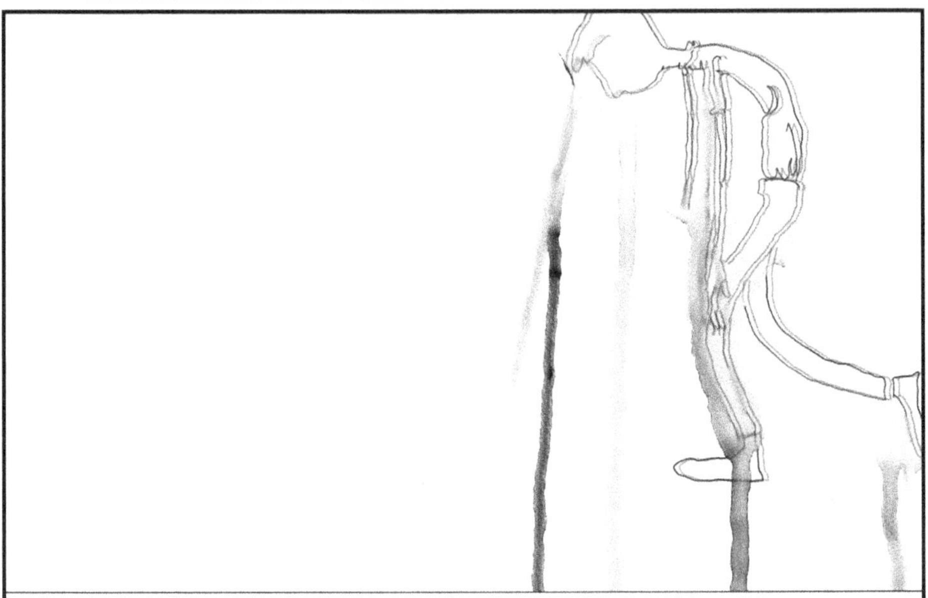

INFATTI, DAVANTI A UNA DIFFICOLTÀ CI SI PUÒ FERMARE E ABBANDONARE IL CAMPO, OPPURE INGEGNARSI IN QUALCHE MODO.

SONO A VOLTE PROPRIO LE DIFFICOLTÀ CHE TIRANO FUORI DA CIASCUNO DI NOI RISORSE CHE NEMMENO PENSAVAMO DI AVERE.

ANCHE LA NOSTRA VITA A VOLTE SEMBRA IN BALIA DEI POTERI FORTI, MA IL VANGELO CI DICE CHE CIÒ CHE CONTA, DIO RIESCE SEMPRE A SALVARLO, A CONDIZIONE CHE USIAMO LO STESSO CORAGGIO CREATIVO DEL CARPENTIERE DI NAZARET, IL QUALE SA TRASFORMARE UN PROBLEMA IN UN'OPPORTUNITÀ ANTEPONENDO SEMPRE LA FIDUCIA NELLA PROVVIDENZA.

SE CERTE VOLTE DIO SEMBRA NON AIUTARCI, CIÒ NON SIGNIFICA CHE CI ABBIA ABBANDONATI, MA CHE SI FIDA DI NOI, DI QUELLO CHE POSSIAMO PROGETTARE, INVENTARE, TROVARE.

IL VANGELO NON DÀ INFORMAZIONI RIGUARDO AL TEMPO IN CUI MARIA E GIUSEPPE E IL BAMBINO RIMASERO IN EGITTO. CERTAMENTE PERÒ AVRANNO DOVUTO MANGIARE, TROVARE UNA CASA, UN LAVORO.

DOBBIAMO SEMPRE DOMANDARCI SE STIAMO
PROTEGGENDO CON TUTTE LE NOSTRE FORZE GESÙ E MARIA.

DA GIUSEPPE DOBBIAMO IMPARARE LA MEDESIMA CURA E
RESPONSABILITÀ: AMARE IL BAMBINO E SUA MADRE; AMARE I
SACRAMENTI E LA CARITÀ; AMARE LA CHIESA E I POVERI.

PADRE LAVORATORE

SAN GIUSEPPE ERA UN CARPENTIERE CHE HA LAVORATO ONESTAMENTE PER GARANTIRE IL SOSTENTAMENTO DELLA SUA FAMIGLIA.

COME POTREMMO PARLARE DELLA DIGNITÀ UMANA SENZA IMPEGNARCI PERCHÉ TUTTI E CIASCUNO ABBIANO LA POSSIBILITÀ DI UN DEGNO SOSTENTAMENTO?

IL LAVORO DI SAN GIUSEPPE CI RICORDA CHE DIO STESSO FATTO UOMO NON HA DISDEGNATO DI LAVORARE.

NESSUN GIOVANE, NESSUNA PERSONA, NESSUNA FAMIGLIA SENZA LAVORO!

PADRE NELL'OMBRA

PADRI NON SI NASCE, LO SI DIVENTA.

NELLA SOCIETÀ DEL NOSTRO TEMPO, SPESSO
I FIGLI SEMBRANO ESSERE ORFANI DI PADRE.

ESSERE PADRI SIGNIFICA INTRODURRE IL
FIGLIO ALL'ESPERIENZA DELLA VITA, ALLA REALTÀ.

LA LOGICA DELL'AMORE È SEMPRE UNA LOGICA DI LIBERTÀ, E
GIUSEPPE HA SAPUTO AMARE IN MANIERA STRAORDINARIAMENTE LIBERA.

LA FELICITÀ DI GIUSEPPE NON È NELLA LOGICA
DEL SACRIFICIO DI SÉ, MA DEL DONO DI SÉ.
NON SI PERCEPISCE MAI IN QUEST'UOMO
FRUSTRAZIONE, MA SOLO FIDUCIA.

OGNI FIGLIO PORTA SEMPRE CON SÉ UN MISTERO, UN INEDITO CHE PUÒ
ESSERE RIVELATO SOLO CON L'AIUTO DI UN PADRE
CHE RISPETTA LA SUA LIBERTÀ.

LO SCOPO DI QUESTA LETTERA APOSTOLICA È QUELLO DI ACCRESCERE L'AMORE VERSO QUESTO GRANDE SANTO, PER ESSERE SPINTI A IMPLORARE LA SUA INTERCESSIONE E PER IMITARE LE SUE VIRTÙ E IL SUO SLANCIO.

NON RESTA CHE IMPLORARE DA SAN GIUSEPPE LA GRAZIA DELLE GRAZIE: LA NOSTRA CONVERSIONE.

A LUI RIVOLGIAMO LA NOSTRA PREGHIERA

SALVE, CUSTODE DEL REDENTORE,
E SPOSO DELLA VERGINE MARIA.
A TE DIO AFFIDÒ IL SUO FIGLIO;
IN TE MARIA RIPOSE LA SUA FIDUCIA;
CON TE CRISTO DIVENTÒ UOMO.

O BEATO GIUSEPPE,
MOSTRATI PADRE ANCHE PER NOI,
E GUIDACI NEL CAMMINO DELLA VITA.
OTTIENICI GRAZIA, MISERICORDIA E CORAGGIO,
E DIFENDICI DA OGNI MALE. AMEN.

www.ingramcontent.com/pod-product-compliance
Lightning Source LLC
Chambersburg PA
CBHW080730120726
48001CB00010B/3189